Índice

Rourke Educational Media
rourkeeducationalmedia.com

¿Puedes encontrar estas palabras?

limpio

puerta

ropa sucia

vajilla

Sé un ayudante

Todo el mundo puede ser un ayudante.

Puedes **arreglar** tu cuarto.

Todo en su lugar.

Puedes poner la mesa.

Puedes levantar la **vajilla** cuando termines.

Puedes mantener la **puerta** abierta. ¡Después de ti!

puerta

Puedes alimentar al perro.

Puedes darle agua.

Puedes ayudar con la **ropa sucia.**

¡También puedes doblarla!

¿Encontraste estas palabras?

Puedes **arreglar** tu cuarto.

Puedes mantener la **puerta** abierta.

Puedes ayudar con la **ropa sucia**.

Puedes levantar la **vajilla** cuando termines.

Glosario fotográfico

arreglar: poner las cosas en su lugar.

puerta: una lámina plana que se abre y se cierra a la entrada y salida de una edificación.

ropa sucia: prendas, toallas, sábanas y otras cosas que deben limpiarse.

vajilla: objetos como tazones y platos que la gente utiliza para la comida.

Índice analítico

Sobre el autor

A Pete Jenkins le encanta ayudar. Él trata de hacer algo bueno por los demás en cada oportunidad que tiene. Cree que si todos hicieran algo para ayudar todos los días, el mundo sería un lugar mucho mejor.

www.rourkeeducationalmedia.com

PHOTO CREDITS: Cover: ©EvgeniiAnd; p.2,3,4-5,14,15: ©PeopleImages; p.2,6-7,14,15: ©Tom Merton; p.2,14,15: ©unguryanu; p.2,12-13,14,15: ©PR Image Factory; p.8-9: ©EyeEm/Alamy Stock Photo; p.10: ©Sergey Novikov

Edición: Keli Sipperley
Diseño de la tapa e interior: Rhea Magaro-Wallace
Traducción: Santiago Ochoa
Edición en español: Base Tres

Library of Congress PCN Data
Sé un ayudante / Pete Jenkins
(Días de descubrimiento)
ISBN (hard cover - spanish)(alk. paper) 978-1-64156-927-9
ISBN (soft cover - spanish) 978-1-64156-951-4
ISBN (e-Book - spanish) 978-1-64156-975-0
ISBN (hard cover - english)(alk. paper) 978-1-64156-178-5
ISBN (soft cover - english) 978-1-64156-234-8
ISBN (e-Book - english) 978-1-64156-286-7
Library of Congress Control Number: 2018955998

Printed in the United States of America, North Mankato, Minnesota